Music

A Céline.
Joyeux Noël.
Lisette. Jean-Pierre.
1997.

# IMAGES ET MOTS POUR LES PETITS

ILLUSTRATIONS DE KAREL BOEMANS
TEXTE DE MYMI DOINET

ÉDITIONS HEMMA

# Les jouets pour bien s'amuser !

la voiture téléguidée

le camion

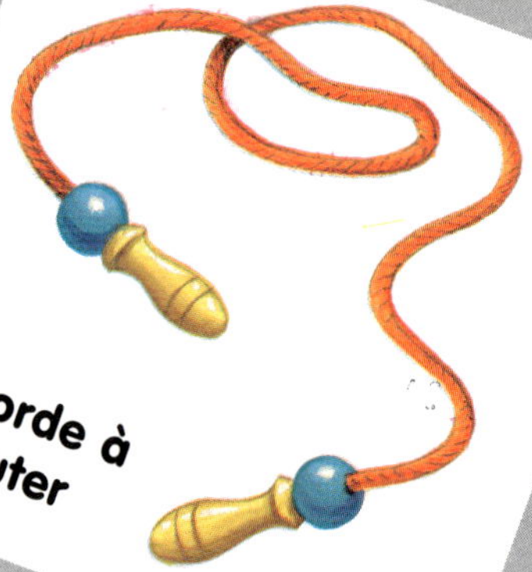

la corde à sauter

Tourne,
tourne toupie !
Va vite te cacher
sans bruit,
juste sous le lit !

le ballon

la toupie

les cubes

la poupée

l'album

C'est moi Manon,
la poupée en chiffon !
Mon copain l'ourson
s'appelle Léon !

le trotteur

l'ours en peluche

la trottinette

le seau et
la pelle

Où te caches-tu
petit Sioux coquin ?
Dans ta tente d'Indien,
je le sais bien !

la tente
d'Indien

le robot

le puzzle

le tricycle

la luge

Mon petit cheval,
vite au galop !
Assis sur ton dos,
à califourchon,
je voyage pour de bon !

l'avion

le cheval à bascule

le tracteur

la dînette

C'est moi le pirate
sans cravate
ni savate !
Je cherche un trésor !
Un coffre-fort
rempli de pièces d'or !

les billes

le pirate

les quilles

les patins à roulettes

**Sorcière, sorcière !**
**Gare au loup dans la clairière !**
**Il va te dévorer tout entière !**

la marionnette

**Tchou, tchou, petit train !**
**Roule, roule bien !**
**Je vais remplir tes wagons,**
**de bonbons très bons !**

le petit train

le jeu de cartes

le magnétophone

les crayons et le pinceau

le jeu
électronique

la ferme

Dans la ferme de mon voisin,
il y a un poulain
qui dort dans le foin !

le masque

le coffre à jouets

le pistolet à flèches

le garage

Avec mon pistolet,
quelle frayeur,
je vous fais peur !
Haut les mains !
Mais ne craignez rien !
Mon pistolet est faux !
Foi de clown rigolo !

**Dans la maison de poupée,**
**tout est mini rikiki :**
**la table, les tapis et même le lit !**

la maison de poupée

le circuit électrique

la planche à roulettes

la raquette
et le volant

**DEVINETTE**

**Je suis bien plus petite qu'un ballon**
**et bien plus grosse qu'une bille !**
**Qui suis-je ?**

Réponse : Une balle !

# COMPTINE

## Dans mon coffre à jouets

Dans mon coffre à jouets, il y a :
une poupée tout en chiffon,
un ourson marron,
un avion et un camion,
et un masque de clown fripon !

Dans mon coffre à jouets, il y a :
des cubes pour construire une maison,
une voiture qui roule à reculons,
et une ferme avec un petit cochon
qui joue à saute-mouton !

Dans mon coffre à jouets, il y a :
une terrible sorcière toute pleine de poussière !
Prends garde à ta bosse, vieille, vieille Carabosse !
Mon robot très costaud va te mettre en mille morceaux !

# Les vêtements du bébé

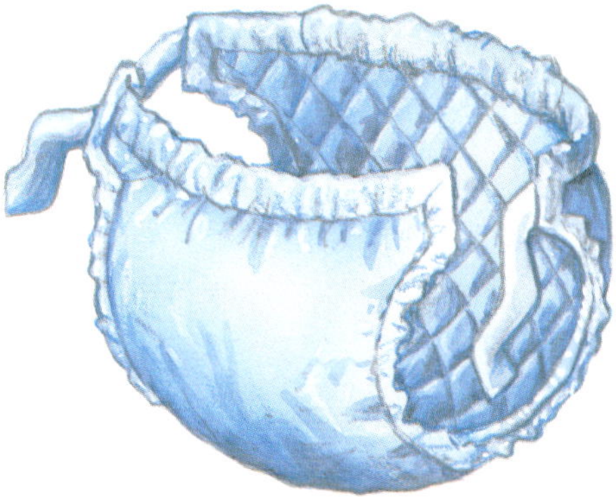

la couche

la brassière

les chaussons de bébé

le pyjama de bébé

**Dans ton pyjama, doux comme une plume,**
**dors mon bébé !**
**Le marchand de sable est passé,**
**juste sous un rayon de lune !**

la combinaison de bébé

la cagoule

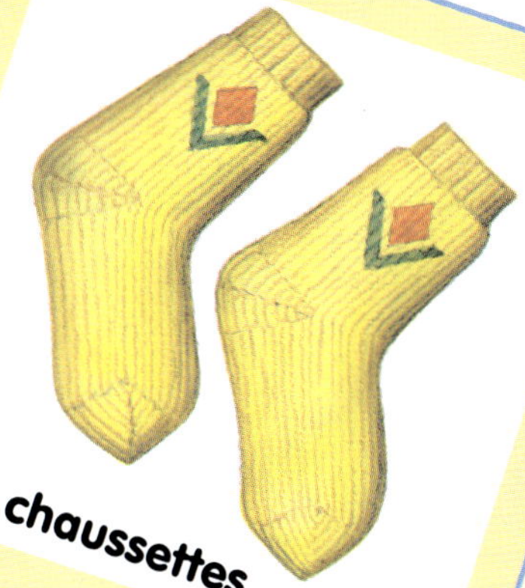

les chaussettes

Dans ses chaussettes,
bébé apprend
à marcher !
Un pas, deux pas,
hourra !
Bébé n'est pas tombé !

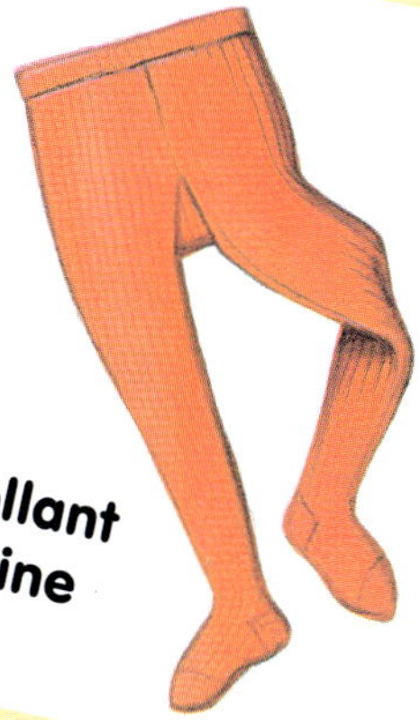

le collant
de laine

le bavoir

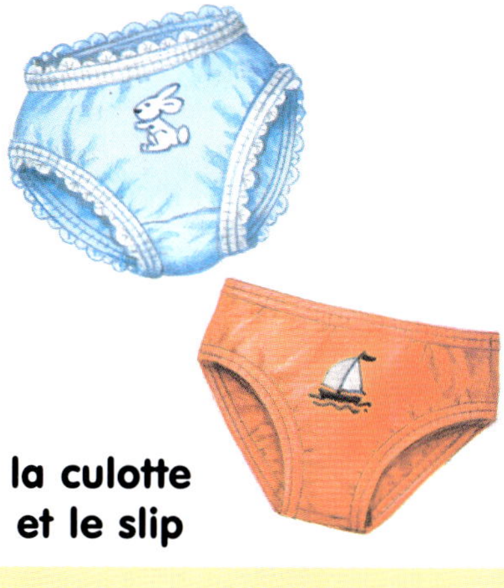

la culotte
et le slip

Sur le bavoir du bébé, il y a un lapin blanc !
Il va croquer trois carottes !
Miam ! Le gourmand !

# Les vêtements des grands

la robe de chambre

la chemise de nuit

le serre-tête

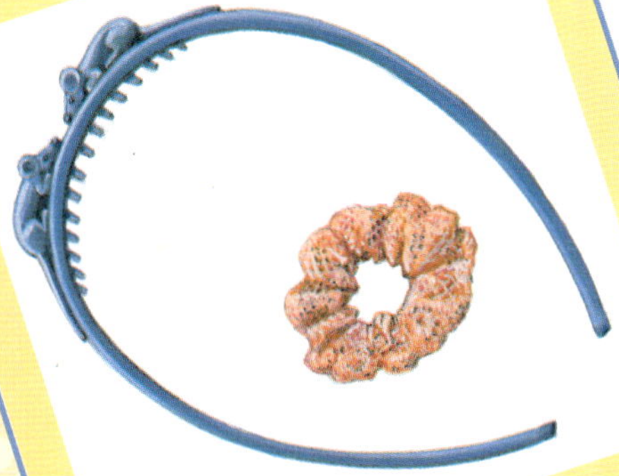

le chouchou

Nous sommes
les chaussons-chiens !
Attention !
Nous mordillons
les talons !

les chaussons

le corsage

Dans mon maillot de bain,
plouf ! Je vais plonger
et bien vous éclabousser !

le short

le maillot de bain

le pull

la chemise

le tee-shirt

le blouson

le bonnet

J'ai prêté mon bonnet
au bonhomme de neige !
Il me l'a rendu
avec un gros flocon
à la place du pompon !

le pantalon

le gilet

l'imperméable

la casquette

les baskets

le pyjama

Avec mes baskets
de champion,
je vais gagner
le grand marathon !

les bottes

le sweat-shirt

les moufles

**Mes bottes pataugent
dans les flaques !
Flic, flac, floc !**

le survêtement

les chaussures

**Dans ma salopette,**
**je fais plein de galipettes !**

la ceinture

la salopette

la jupe

la robe

**Dans ma robe à pois,**
**je mange des petits pois !**

Qui joue à cache-cache
dans mes gants de laine ?
Mes dix petits doigts
qui n'ont plus froid !

Tout autour
de mon cou,
avec mon écharpe,
je fais un tour,
deux tours,
trois tours !
Si j'étais
une girafe,
je ferais
bien plus
de dix tours !

Ouille, ouille !
Qui me chatouille
le bout du pied
dans ma sandale ?
Est-ce un crabe ?
Est-ce une crevette ?
Non ! Non !
C'est un petit poisson !

# Devine, devinettes !

1) Je porte une barbe
et un long manteau rouge.
Je porte aussi des bottes,
et une lourde hotte !
Qui suis-je ?

2) Je porte une cape toute noire,
un chapeau très bizarre
et des bottines en peau de lézard !
Sur mon balai à moteur,
je file à toute vapeur !
Qui suis-je ?

3) Je suis habillée tout en rouge !
Dans la forêt, un loup me guette
et je transporte une galette !
Qui suis-je ?

4) Dans mon beau château,
tous les matins, après ma toilette,
saperlipopette de saperlipopette !
Je mets ma culotte à l'envers !
Qui suis-je ?

5) Je porte des bottes de sept lieues
pour courir plus vite que le vent !
Je dévore les enfants
en les croquant à belles dents !
Qui suis-je ?

6) Je suis à peine plus grand qu'un lutin !
Je porte un bonnet, une culotte,
mais je n'ai pas de grosses bottes !
A chaque fois que je dis un mensonge,
mon nez s'allonge, s'allonge !
Qui suis-je ?

Réponses
1 : Le père Noël- 2 : La sorcière - 3 : Le petit Chaperon rouge -
4 : Le bon roi Dagobert - 5 : L'ogre - 6 : Pinocchio

# Vive l'école !

le cartable

le bâton de colle et
les ciseaux

Taille, taille-crayon !
Donne une bonne mine
à tous mes crayons !

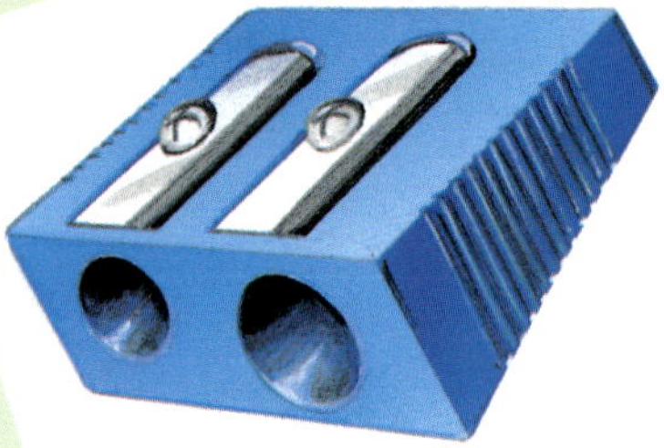

le taille-crayon

les crayons de couleur

la boîte de peinture

Pour mon quatre heures, je vais manger cinq petits-beurre !

la gourde et
la boîte à goûter

le feutre

le stylo-plume

les cahiers

la trousse

Sur mon cahier j'écris
une drôle de poésie !
Celle de deux hippopotames
qui jouent du tam-tam !

**le livre**

**le pupitre**

**la règle**

**la gomme**

**Sur le tableau,**
**mes craies dessinent**
**un arbre et puis des fleurs**
**de toutes les couleurs !**

**les craies**

**le tableau**

## COMPTINE

# 2, 4, 6, 8, 10 !

Une trousse très jolie
pour Julie !
Deux paires de ciseaux
pour Diégo !
Trois boîtes de peinture
pour Arthur !
Quatre ardoises
pour Françoise !
Cinq bâtons de colle
pour Nicole !
Six grands crayons
pour Gaston !
Sept craies multicolores
pour Éléonore !
Huit taille-crayons
pour Marion !
Neuf belles gommes
pour Tom !
Dix gros cahiers
pour Didier !
Youpi, ça y est !
Maintenant, je sais compter
jusqu'à dix, sans me tromper !

# Les affaires du bébé

**Quel mignon petit glouton !**
**Le bébé a bu tout son biberon !**

**le biberon**

**la peluche**

**le petit pot**

**la boîte à musique**

**Sur la jolie boîte à musique, do, ré, mi, fa,**
**clapoti, clapota ! Trois canards**
**pataugent dans la mare !**

le lit du bébé

la sucette
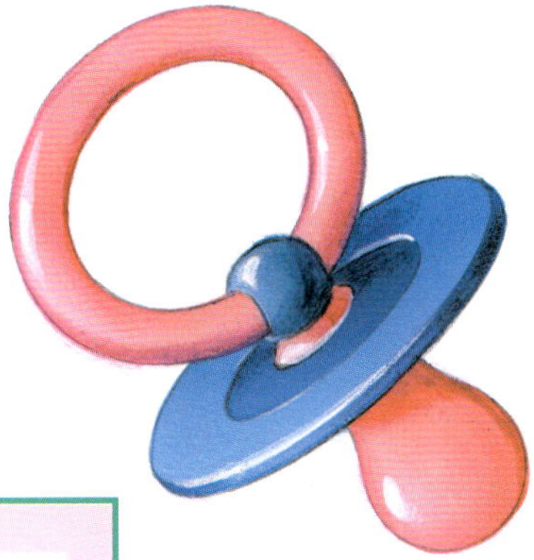

la brosse à cheveux

**Sur le mobile,**
**tout là-haut,**
**tournez, tournez**
**jolis oiseaux,**
**comme sur**
**le plus beau**
**des manèges !**

le mobile

le hochet

le sac
de couchage
du bébé

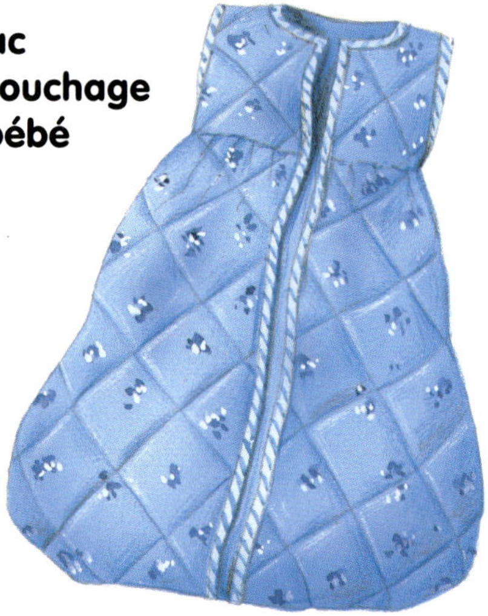

**Petit œil de lynx futé,
combien vois-tu d'animaux
sur le tapis de jeu du bébé ?**

le tapis de jeu

Réponse : Six ! Un lapin, un canard,
un mouton et trois poissons !

le landau

**Qui se cache dans le parc du bébé ?
Le poney marron qui joue au ballon !**

le parc

Que va faire ce canard coquin ?
Il va bien vite plonger dans ton bain !
Plouf ! Coin, coin, coin !

les jouets
pour le bain

la brosse à dents
du bébé

la cuillère
du bébé

l'assiette du bébé

la table à langer

le couffin

la chaise haute

la tasse du bébé

le relax

Où dort Roméo ?
Dans son landau !
Où dort Babette ?
Dans sa poussette !
Où dort Max ?
Dans son relax !

la poussette

le boulier

BERCEUSE DU SOIR

# Dors petite sœur !

Dors petite sœur,
n'aie pas peur !
Ton papa et ta maman
veillent sur toi tendrement !

Dors petite sœur,
cesse vite tes pleurs !
Dans ton couffin tout doux,
l'ours brun te fait un bisou !

Dors petite sœur,
n'aie pas peur !
Ton grand frère taquin
va te faire un gros câlin !

Dors petite sœur,
maintenant, il est l'heure !
Demain matin, c'est promis,
tu goûteras ta première bouillie !

# Les animaux de la ferme

**COMPTINE**
Dans le poulailler,
il y a une petite poule
très coquette !
C'est la Cocoricoquette !
Ce matin,
la Cocoricoquette
a bien travaillé !
Elle a pondu
trois œufs,
délicieux !
Gourmand cuisinier,
comment vas-tu
manger ces œufs ?
A la coque,
avec des mouillettes,
ou bien en omelette ?

le coq

la poule

les poussins

Nous sommes
deux poussins
jaune d'or,
comme des fleurs
de bouton-d'or !

le canard

le mouton

le cochon

Avec ma queue
en tire-bouchon,
c'est moi Patachon
le cochon !
Je joue dans la boue,
et je mets de la gadoue
partout, partout !

l'oie

le dindon

Comment s'appelle le petit du cheval ?
Est-ce la jument, le poulain ou l'ânon ?

la vache

Dans la grande prairie, la vachette
a brouté toutes les pâquerettes !

le cheval

Réponse : Le poulain .

l'âne

Hi-han, hi-han !
C'est moi Cadichon le petit âne !
Je me régale d'avoine !

la chèvre

# Les animaux domestiques et de nos jardins

le chien

le hérisson

l'oiseau

la coccinelle

**Belle coccinelle,**
**vole à tire d'aile,**
**sur l'arc-en-ciel !**

le cochon d'Inde

le chat

le papillon

le poisson

la souris

C'est moi Nino
l'escargot !
Pas besoin
de manteau !
Ma coquille
me tient chaud !

Dame grenouille
sous la pluie qui
mouille,
fait sa toilette,
et coasse à tue-tête !

l'escargot

la grenouille

# Les animaux de la forêt

le lapin

le renard

Gare à toi petit Chaperon rouge !
Derrière les roseaux qui bougent,
il y a un gros loup-garou !

Avant l'hiver, l'écureuil roux
cache ses noisettes partout, partout !

le loup

l'écureuil

CHACUN SON CRI !

Que fait le chat ?
Il miaule !
Que fait le chien ?
Il aboie !
Que fait le cheval ?
Il hennit !
Que fait le cerf ?
Il brame !
Que fait le poisson
rouge ?
Gloup ! Gloup !
Il ne fait pas de bruit !

le cerf

la biche

le faon

DEVINETTE
Cousin du cerf,
je ne crains
pas le gel !
La nuit de Noël,
je voyage dans le ciel
avec le père Noël !
Qui suis-je ?

Réponse : Je suis le renne !

Dans la forêt noire,
le petit faon
suit sa maman,
du matin au soir !

l'ours et l'ourson

De quoi l'ours est-il très gourmand ?

Réponse : Miam ! De miel !

l'aigle

la chouette

le sanglier

# les animaux exotiques

**Avant, j'étais un lionceau !**
**Petit à petit, je suis devenu grand !**
**Aujourd'hui, je suis le roi des animaux !**

**le zèbre**

**le lion**

**le crocodile**

**Pour son déjeuner,**
**le vorace crocodile**
**croquerait volontiers**
**la tendre petite Odile!**

**le gorille**

**le panda**

la gazelle

la panthère

le rhinocéros

la girafe

**Girafe, quand ta tête est au grenier, tes pieds sont au rez-de-chaussée !**

le dauphin

la tortue

Moi, la gourmande tortue,
je croque les feuilles
de laitue !

le perroquet

**LE SAVAIS-TU ?**
L'éléphanteau suce sa trompe
comme le bébé suce son pouce !

l'éléphant

le koala

le dromadaire

l'hippopotame

**LE SAVAIS-TU ?**
**Miam ! Miam !**
**La géante omelette :**
**Un seul œuf d'autruche pèse autant que 25 œufs de poule !**

le chameau

l'autruche

# L'abécédaire rigolo des animaux

Anita l'araignée
agace Bobby le gros bourdon !
Casimir le canard
chahute avec Dany le dindon !
Edgar l'éléphanteau
énerve Fanny la fourmi !
Gilda la grenouille
fait des grimaces à Hugo le hibou !
Isidore l'ibis
invite Jim le jars à venir jouer dans son jardin !
Kévin le kangourou
klaxonne après Léo le lionceau !
Max le moustique
nargue Nestor le grand serpent naja !
Olivia l'otarie
offre un parapluie à Paolo le pingouin !
Quentin l'oiseau quetzal aux belles plumes
questionne Romain le renard !
Suzy la sauterelle et
Tino le tigre téléphonent à Ulysse
l'unau, le petit mammifère qui dort dans les arbres !
Violette la vachette
voyage avec Wladimir le wapiti !
Xavier le rat xérus sait très bien jouer du xylophone !
Yvon le yack mange un yaourt aux fraises !
Zéphirin le zèbre marche en zigzaguant !

# Vive la toilette !

la savonnette

l'éponge

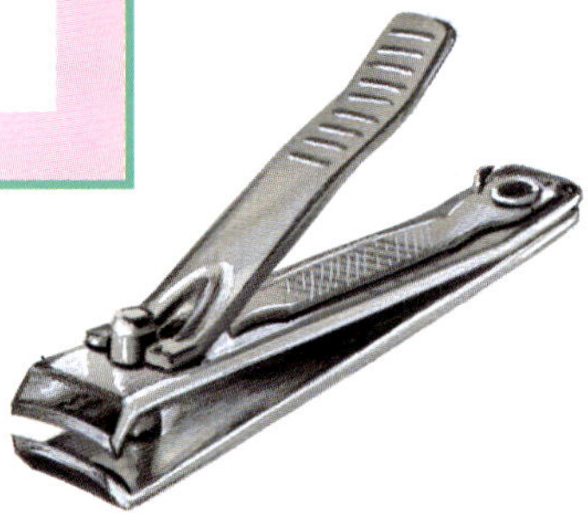

le coupe-ongles

Mon shampooing
sent la pomme d'api,
et ma savonnette
sent le kiwi !
Hum ! Je sens
bon les fruits !

les barrettes

la brosse à ongles

le shampooing

## COMPTINE

Là-haut sur ma tête
pendant ma toilette,
gare à vous les poux !
Mon shampooing jaloux
guette vos côtelettes !
Là-haut sur ma tête,
tous les petits poux
ont pris d'un seul coup
la poudre d'escampette
pour faire leurs galipettes
sur une autre tête !

la cabine de douche

la brosse pour le dos

la baignoire

le miroir

la pince à épiler

le sèche-cheveux

**Sèche-cheveux**
**sèche, sèche bien**
**tous mes cheveux,**
**sans faire de nœuds !**

le lavabo

l'armoire de toilette

**Dans le lavabo, dix gouttes d'eau**
**font un vrai petit ruisseau !**

Maous le géant !
Sur la balance,
il va peser
plus de 500 kilos !
Quel costaud !

le pèse-personne

le dentifrice

la brosse à dents

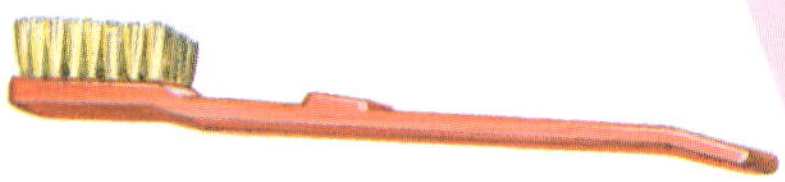

C'est évident !
Pour avoir
de jolies dents
sans caries,
brosse-les
sans oubli,
du dimanche
au samedi !

le bain moussant

le peignoir

Qui a fait pipi sous le lit ?
C'est le chaton Mistigri !
Qui a fait caca dans la cave ?
C'est le gros rat Octave !

les toilettes

le papier hygiénique

Voici une serviette
douce comme
de la mousse
pour essuyer
ma frimousse !

la serviette de toilette

le gant de toilette

Qui rase ses moustaches ?
C'est oncle Eustache !
Qui rase sa barbichette noire ?
C'est oncle Grégoire !

le rasoir
électrique

la trousse de toilette

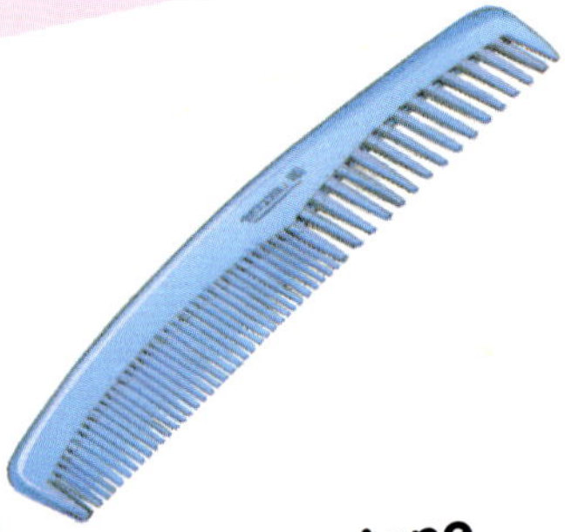

le peigne

**DEVINETTE**
Quel point commun
y a-t-il entre le lion,
le peigne… et toi ?

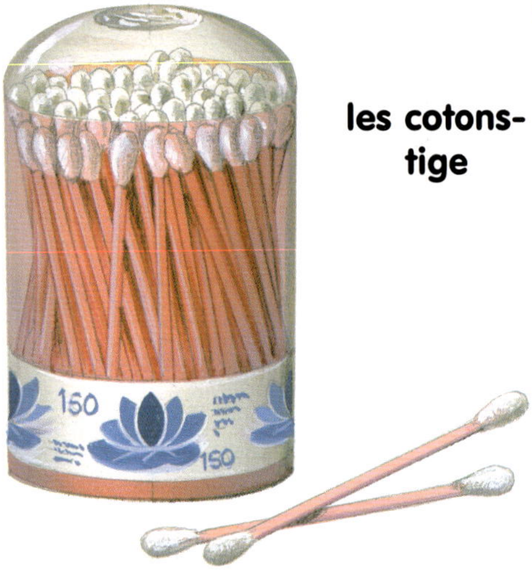


les cotons-
tige

le tapis de bain

Réponse : Tous les trois, vous avez
de belles dents !

COMPTINE POUR LE BAIN

# Vive le bain, vive l'eau !

Je plonge sous la mousse,
et je nettoie ma frimousse !
Cinq bulles de savonnette
se posent tout là-haut sur ma tête,
pour me faire une drôle de casquette !

*Refrain*
*Ma baignoire est un beau bateau,*
*où je joue au cachalot !*
*Vive le bain ! Vive l'eau !*

Je danse sous la douche,
et j'éclabousse ma bouche !
Dix bulles de shampooing tout doux
me chatouillent les joues,
le cou et puis les genoux !

*Refrain*
*Ma baignoire est un beau bateau,*
*où je joue au cachalot !*
*Vive le bain ! Vive l'eau !*

# La chambre à coucher

le réveil

Tic, tac !
Tic, tac !
Tout à l'heure,
petit réveil
n'oublie pas
de sonner
à la bonne
heure !

le chevet

la valise

les cintres

le lit

la carpette

le livre

l'armoire

la lampe de chevet

Dans le grand
fauteuil,
qui se cache
sous le coussin ?
Mistigri
le chaton coquin !

la coiffeuse

le fauteuil

les bijoux

Foi de princesse !
Je mets autour
de mon cou
plein de bijoux !
Et sur mes mains,
je porte des bagues
en or fin !

COMPTINE

# Dans la grande armoire de mon arrière-grand-mère

Dans la grande armoire
de mon arrière-grand-mère,
il y a tout plein d'affaires :
une robe de mariée en dentelle,
une grande ombrelle,
un joli chapeau en velours,
et un tout petit tambour !

Dans la grande armoire
de mon arrière-grand-mère,
il y a tout plein d'affaires :
une belle soupière,
des tasses et puis des théières,
des cartes postales jaunies,
et des araignées qui sèment la zizanie !

Dans la grande armoire
de mon arrière-grand-mère,
il y a aussi un hibou
qui surveille absolument tout !
Perché sur une malle en rotin,
il regarde la poupée Cendrillon,
qui fait la sieste sur un vieux carillon !

# La salle à manger et le salon

le bahut

Que range-t-on dans le bahut ?
Des tasses et des assiettes,
des couteaux et des fourchettes,
des cuillères et des serviettes !

les lampes

la chaise

Qui va s'asseoir
sur cette chaise ?
Blanche-Neige
ou la reine des neiges ?

la table

la commode

l'assiette

les plantes vertes

Un verre d'eau
pour Margot !

Un verre
de grenadine
pour Amandine !

Un verre
de jus d'abricot
pour Paco !

les verres

la saucière

Moi, j'aime les pâtes au gruyère,
dit la cuillère !

Moi, j'aime le gigot, dit le couteau !

Moi, je préfère les brochettes,
dit la fourchette !

les couverts

le relax

la table à manger

le lampadaire

le canapé

La nuit, quand le lampadaire
éteint sa lumière, il rêve qu'il éclaire
les grands déserts et la mer entière !

**la chaîne stéréo**

**la table basse**

**le téléphone**

**Dring ! Dring !**
**Sonne, sonne,**
**téléphone !**
**Est-ce ma tatie ?**
**Est-ce mon papy ?**
**Non ! C'est ma mamie**
**qui m'appelle d'Italie !**

**le tapis**

**la télévision**

**A la télévision, j'ai vu un éléphanteau**
**qui jouait du piano !**

le minibar

le vase

le plateau

La belle nuit de Noël,
le père Noël va passer
dans la cheminée !
Que va-t-il déposer
dans tes jolis souliers ?
Des paquets pleins de jouets
et des kilos de bons bonbons !

Dans le beau livre
de "La Belle et la Bête",
en quoi la terrible
Bête va-t-elle
se transformer ?

la cheminée

la bibliothèque

Réponse : En prince charmant !

# Raconte-moi une histoire !

**Dans la grande bibliothèque,
il y a des dizaines de livres ! C'est extraordinaire !
On y croise des bonnes fées et des sorcières,
des rois transformés en crapauds,
et des reines métamorphosées en sirènes !
Retrouve à l'aide de ces définitions
les personnages tout droit sortis des livres de contes !**

**1) Dans la forêt, je sème des cailloux
blancs partout, partout, partout !
Qui suis-je ?**

**2) Sept petits nains fort malins
ne me veulent que du bien !
Qui suis-je ?**

**3) En me piquant à la quenouille, ouille, ouille, ouille !
Je me suis endormie profondément !
Un prince charmant
viendra me réveiller tendrement !
Qui suis-je?**

**4) Je suis entrée dans une maison,
où vivent trois ours marrons :
le papa ours, la maman ourse et leur ourson !
Si je te dis que mes cheveux sont blonds,
tu vas tout de suite trouver mon nom !
Qui suis-je ?**

**5) Je suis sucré et les oiseaux veulent picorer !
Mes yeux sont en raisin et ma peau
tout en gâteau ! Délicieux bonhomme,
je suis haut comme trois pommes !
Qui suis-je ?**

Réponse : 1) Le Petit Poucet 2) Blanche-Neige 3) La Belle au Bois dormant
4) Boucle d'Or 5) Le Bonhomme en pain d'épice

# Dans la cuisine...

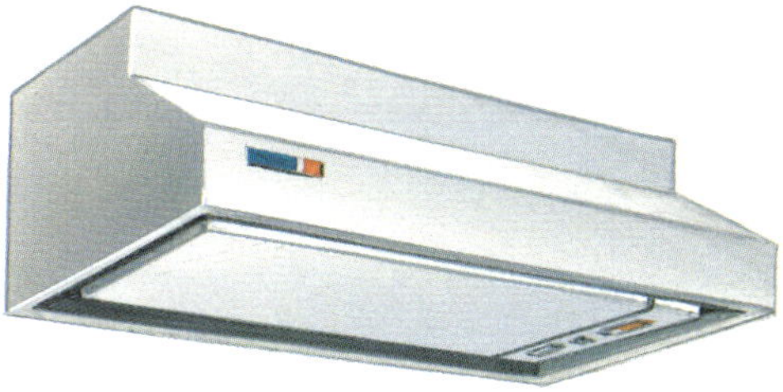

la hotte

le torchon

Pour faire un bon cake,
je pèse la farine, le beurre,
le sucre et puis les raisins !
Hum ! Miam ! J'ai déjà faim !

la cuisinière

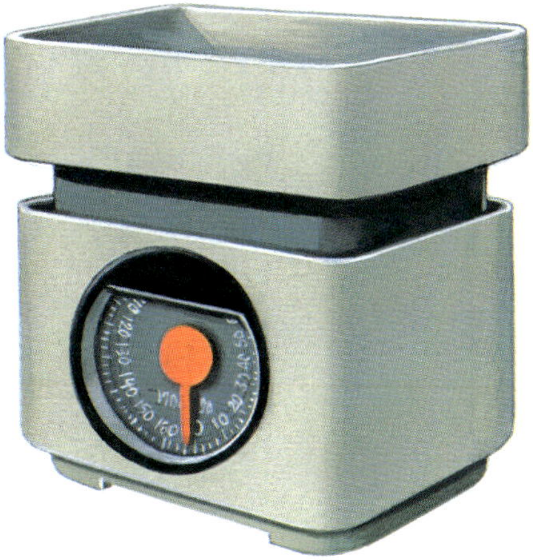

la balance

la cafetière électrique

l'évier

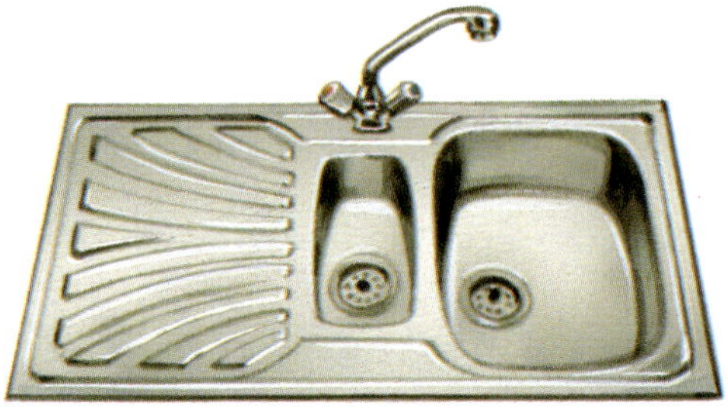

la friteuse électrique

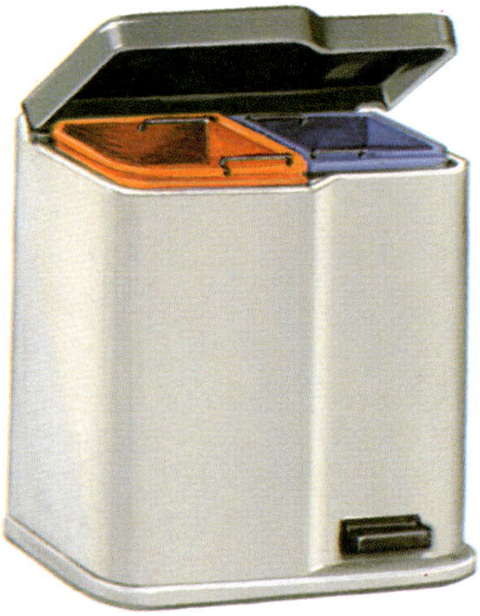

Le matin, la maison
sent bon le café,
le pain grillé,
et le chocolat chaud !

le lave-vaisselle

le four micro-ondes

le moulin
à poivre

le réfrigérateur

la tasse

Je veux une tasse
de thé, dit
dame Tartine !
Et moi un grand
bol de lait, dit
monsieur Croûton !

la louche

la passoire

Une louche de soupe à l'oignon
pour oncle Gaston !
Une louche de soupe à la tomate
pour tante Agathe !

la salière

le robot ménager

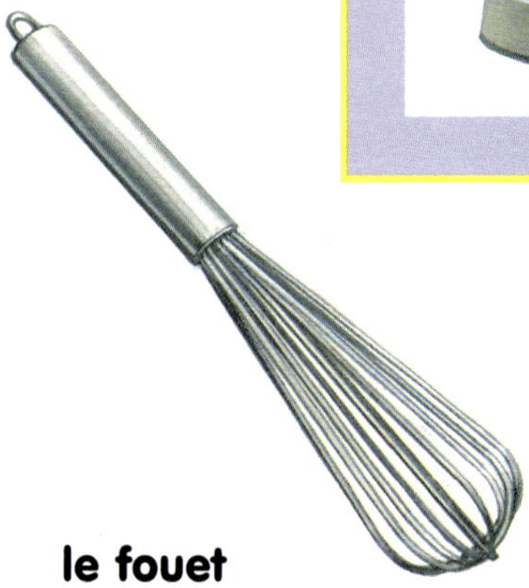

le fouet

Trotte vite
petite aiguille !
Dans une
minute et demie
les œufs
seront cuits !

les cuillères
en bois

Le soir, dans leur tiroir,
les cuillères se racontent des histoires
de passoires et de bouilloires !

la pendule

la cocotte

les couteaux de cuisine

la planche à pain

C'est pour qui
le grand couteau ?
Pour l'ogre !
C'est pour qui
le moyen couteau ?
Pour le charcutier !
C'est pour qui
le petit couteau ?
Pour moi !

la poêle

le décapsuleur

les gants de ménage

l'assiette

**DEVINETTE**
**Qui a la queue en tire-bouchon ?**

le tire-bouchon

**Réponse : Le petit cochon !**

le saladier

**Saladier, saladier, qu'attends-tu ?**
**J'attends un gros cœur de laitue,**
**quelques dés de bon jambon,**
**et un beau filet de citron !**

COMPTINE DANS LA CUISINE

# Miam, miam !

Miam, miam ! dit le couteau,
je couperais bien illico presto
un bon gros gigot !

Miam, miam ! dit la casserole,
je savourerais bien à moi toute seule
deux belles petites soles !

Miam, miam ! dit le sucrier,
je croquerais bien volontiers
trois sucres entiers !

Miam, miam ! dit l'assiette,
je reprendrais bien, saperlipopette,
une quatrième part de galette !

Miam, miam ! dit le chaudron,
je mangerais bien sans façon
cinq pleines louches de marrons !

Miam, miam ! chuchote la cocotte,
j'avalerais bien, nom d'une échalote,
six cuillerées à soupe de purée de carottes !

Miam, miam ! dit la fourchette,
je goûterais bien sept
belles grandes côtelettes !

# Bien nettoyer et ranger !

la planche à repasser

l'aspirateur

le panier à linge

la machine à laver

**Gloutonne machine à laver,
avale bien toutes les taches !
Sur les torchons, sur les blousons,
sur les serviettes et sur les salopettes !**

le tablier

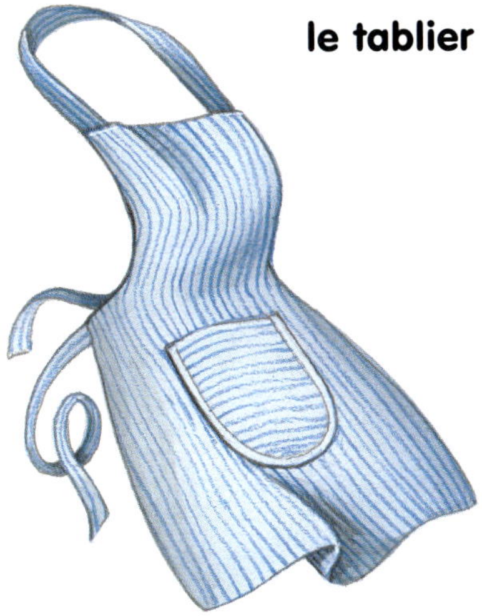

le congélateur

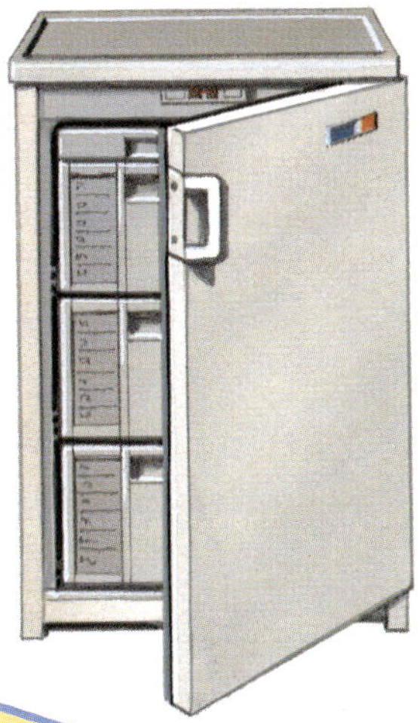

la raclette

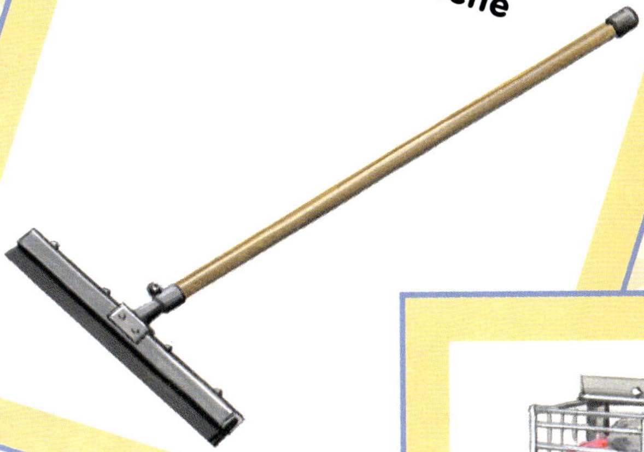

**DEVINETTE**
**Que fait Cendrillon pendant que ses sœurs vont danser au bal ?**

la lessive

l'étagère de buanderie

Réponse : Cendrillon fait le ménage !

Pour faire disparaître, d'un coup de torchon, les toiles d'araignées pendues au plafond, je monte tout là-haut sur mon escabeau !

le plumeau

le produit d'entretien

l'escabeau

les pinces à linge

le balai

le seau

la machine à coudre

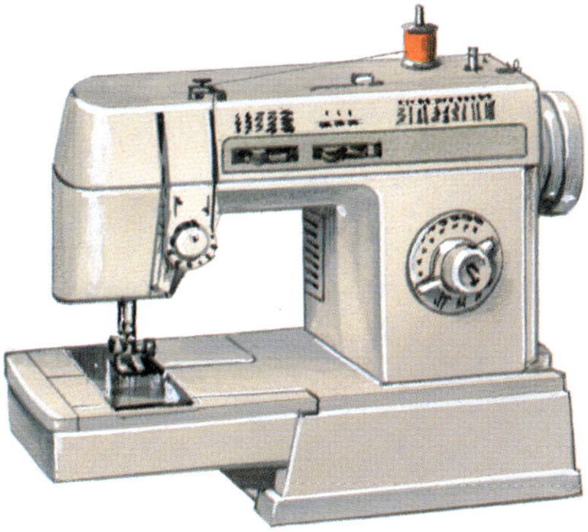

la balayette et
la ramassette

le fer à repasser

Fer à repasser
glisse, glisse,
sur le drap blanc
sans le froisser !
Fer à repasser
glisse, glisse
sur le drap blanc
comme sur une
piste enneigée !

l'armoire à chaussures

le séchoir

COMPTINE

# Vive le ménage !

Trois petits grains de poussière
dansent sur l'étagère !
Gare à vous, grains de poussière !
Mon grand chiffon
va vous attraper pour de bon !

Trois miettes de galette
font des galipettes sur la moquette !
Gare à vous, miettes de galette !
Mon grand balai-brosse
va vous courser comme un loup féroce !

Trois poils de chat tigré
chahutent sur le canapé !
Gare à vous, poils de chat tigré !
Mon aspirateur
va vous avaler de bon cœur !

# Amusons-nous dans le jardin...

**Dans le sable,**
**avec ma pelle et mon seau,**
**je vais construire un beau château !**
**En haut, comme drapeau,**
**je poserai un crabe rigolo !**

la piscine gonflable

le bac à sable

**Voilier, vogue, vogue doucement !**
**Ma piscine est ton océan !**

le toboggan

le parasol

**Qui attends-tu, joli banc ?
J'attends la tourterelle
qui cache sous son aile
une belle coccinelle !**

**le banc**

**le sécateur**

**le rateau**

**le tuyau d'arrosage**

**la tondeuse à gazon**

la brouette

l'arbre

le taille
-haie

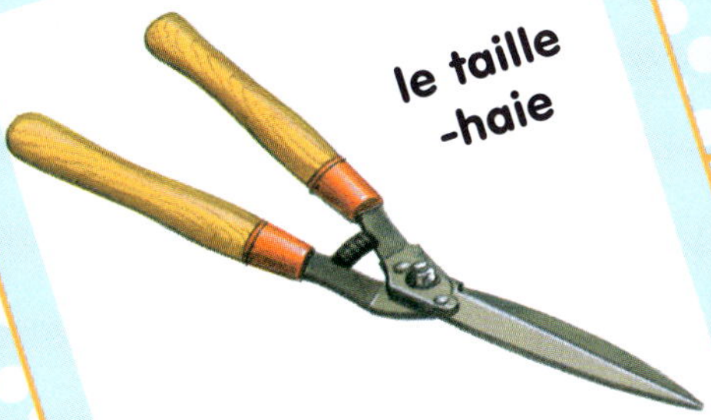

**Cet arbre est une parfaite cachette !**
**Il cache un coucou et trois chouettes !**

le transat

le portique

la bêche

le mobilier de jardin

les gants de jardin

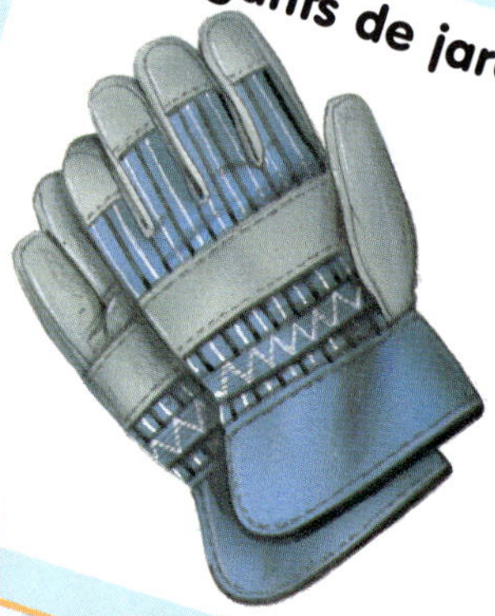

l'arrosoir

**Chaque soir,
les gouttes
de l'arrosoir
font la pluie
sur les radis
et sur les fourmis !**

la jardinière

le vélo

# Les devinettes du jardinier

1) Je vis au cœur de la ruche !
Je n'ai pas de couronne,
et pourtant on m'appelle la reine !
Qui suis-je ?

2) CHARADE
Mon premier vit dans la cave.
Mon second est le contraire de tard !
Mon tout est le meilleur ami
du seau et de la pelle !

3) Je reste toujours vert
en été comme en hiver !
A Noël, je me pare de lumières !
Qui suis-je ?

4) CHARADE
La girafe a mon premier fort long !
Mon second relie ta tête à tes épaules !
Mon tout est un oiseau des bois !

5) Je porte une belle robe rouge
à pois noirs et je dévore les pucerons.
Qui suis-je ?

6) CHARADE
Le pâtissier cuit les gâteaux dans mon premier.
Mon deuxième est caché sous la croûte.
Mon tout est un insecte gourmand de sucre.

7) Les enfants et les papas m'offrent
le jour de la fête des mères !
Je passe ma vie dans de jolis vases !
Qui suis-je ?

Réponses : 1) La reine des abeilles 2) Le rateau (rat-tôt) 3) Le sapin
4) Le coucou (cou-cou) 5) La coccinelle 6) La fourmi (four-mie) 7) Le bouquet

# Tout pour les gourmands !

**Une bonne charlotte aux marrons
pour Cendrillon !**

**Un croissant bien croustillant
pour la Belle au Bois dormant !**

**Une belle tartelette
pour la fée Clochette !**

**Du pain d'épice au miel
pour Hansel et Gretel !**

**le pain**

**le chocolat**

**la confiture**

**Quand la fée Chocolat
rencontre la fée Caramel,
que se racontent-elles ?
Des histoires de bonbons
et de macarons !**

le yaourt

le croissant

le sucre

le beurre

le lait

**LE SAVAIS-TU ?**
**Pour faire un kilo de beurre, il faut 22 litres de lait !**

la charcuterie

le hamburger

le sandwich

Une part
de camembert
pour Robert !
Une part
de mimolette
pour Colette !

les œufs

les fromages

le poisson

les côtelettes

le poulet

Le géant a bon appétit !
Il a dévoré à midi
dix poulets rôtis,
et au moins vingt
grappes de raisin !
Et il a encore faim !

le rôti

l'escalope panée

les pâtes

les pommes de terre

**Goûtez**
**mes spaghettis**
**les amis !**
**J'y ai mis**
**du ketchup**
**et du parmesan !**
**C'est vraiment**
**succulent !**

la salade

**Deux belles**
**petites sœurs**
**pommes de terre**
**attendent**
**un morceau**
**de beurre,**
**pour être encore**
**meilleures !**

les frites

la tomate

le radis

la carotte

les poivrons

**DEVINETTE**
**De la taille**
**des bébés choux,**
**qui sommes-nous ?**

la courgette

le chou

**Réponse : Les choux de Bruxelles !**

Oignon, quand je t'épluche,
je verse des larmes...
des larmes de crocodile !

le poireau

l'oignon et l'ail

l'asperge

les cornichons

les petits pois

le concombre

l'aubergine

les haricots

**Dansez, dansez haricots verts,**
**avant d'aller dans votre bocal en verre !**

le chou-fleur

le maïs

les champignons

le persil

**Bien au chaud**
**sous leur chapeau,**
**comme ils sont mignons**
**les champignons !**

# Des fruits exquis !

les framboises

la pêche

le citron

le melon

**DEVINETTE**
Je suis bien plus grande que le melon !
La fée me transforme en carrosse !
Abracadabra ! Qui suis-je ?

Réponse : La citrouille !

l'orange

la poire

**Prune, mirabelle, cerise, clémentine !**
**Nous sommes des fruits exquis**
**et de jolis prénoms aussi !**

les groseilles

la prune

la pomme

Reine des pommes,
je suis la pomme reinette !
Sur quel arbre peux-tu me cueillir ?

Réponse : Sur le pommier !

les fraises

la banane

les cerises

le coing

la mandarine

le pamplemousse

le raisin

l'abricot

l'ananas

La belle mandarine
a bonne mine !
Et le beau pamplemousse
ne se fait pas de mousse !

Le jour du mardi
gras, s'écrie le kiwi !
Alors, déguisons-nous !

les kiwis

les dattes

Quelle date sommes-nous ?
demande la datte.

Pirouette, cacahuète !
Faisons la fête,
chantent à tue-tête
les cacahuètes !

les cacahuètes

la rhubarbe

la noix

les noisettes

**DEVINETTE**
Pas plus grand qu'un pouce,
j'habite une coque de noix !
Qui suis-je ?

Réponse : La petite Poucette !

les amandes

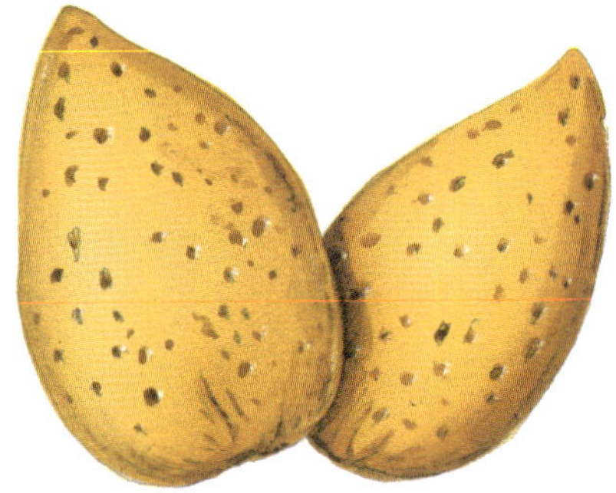

les mûres

# Des desserts

Dans la pâtisserie
de monsieur Henri,
il y a des tartelettes
et des sucettes !
Dans la pâtisserie
de monsieur Henri,
il y a des galettes
et puis aussi
tout plein de miettes !

les crêpes

la tarte

la part de gâteau

Un caramel
pour Isabelle !
Deux barres de chocolat
pour Nicolas !
Trois dragées
pour Roger !
Et des pâtes de fruits
pour tous mes amis !

le biscuit

la gaufre

Biscuit carré, craque !
Je te croque
une oreille !
Biscuit carré, craque !
Je te croque
deux oreilles !
Biscuit carré, craque !
Je te croque
trois oreilles !
Biscuit carré, craque !
Je te croque
quatre oreilles !
Biscuit carré,
attention!
Foi de glouton,
je vais te croquer
tout entier !

le cornet
de glace

COMPTINE GOURMANDE

# Dans le palais de dame Tartine

Dans le palais de dame Tartine,
les marches sont en nougatine,
les volets sont en chocolat,
et tous les murs sont en nougat !

Dans le palais de dame Tartine,
les baignoires sont remplies
de jus de grenadine,
les coussins sont en galettes,
et toutes les armoires sont en gaufrettes !

Dans le palais de dame Tartine,
les lampes sont en mandarines,
les rideaux sont en barbes à papa,
et tous les plats
sont garnis de pêches Melba !

Dans le palais de dame Tartine,
les savons sont en praline,
les chaises sont en réglisse,
et toutes les tables sont en pain d'épice !
Hum ! Quel palais aux mille délices !

# Roule, vole, vogue !

la voiture

la moto

Une voiture
pour Arthur !
Un train
pour Quentin !
Et une moto
pour Toto !

le train

le camion-citerne

le rouleau compresseur

le paquebot

le vélomoteur

Le paquebot
est une ville flottante !
Dessus il y a beaucoup
de boutiques, des salles
de gymnastique,
et même une piscine
olympique !

le parachute

la planche à voile

**le car**

**le camion à benne**

**A bord de sa navette,**
**un extraterrestre a pris**
**un quartier de lune jolie**
**pour éclairer sa planète !**

**l'hélicoptère**

**la navette spatiale**

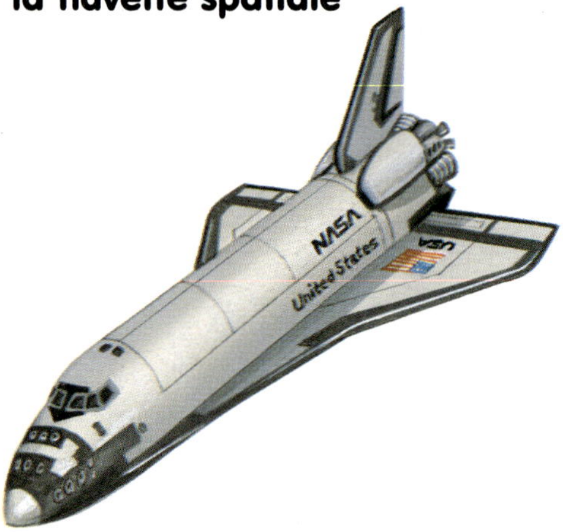

le deltaplane

le vélo

la barque

**Roule, roule vélo !**
**De Paris à Saint-Malo !**
**De New York à Tokyo !**

le camping-car

le tracteur

la formule 1

le petit avion de tourisme

les skis et les bâtons

Quand la neige tombe
à gros flocons,
je chausse mes skis
pour de bon, comme
le roi des Esquimaux !

le téléphérique

la pelleteuse

le canoë

l'avion de ligne

L'avion vole comme un bel oiseau !
Entre les nuages, tout là-haut,
ses ailes croisent les hirondelles,
les goélands et les moineaux !

l'aéroglisseur

le métro

le bulldozer

le hors-bord

l' U. L. M.

le quad

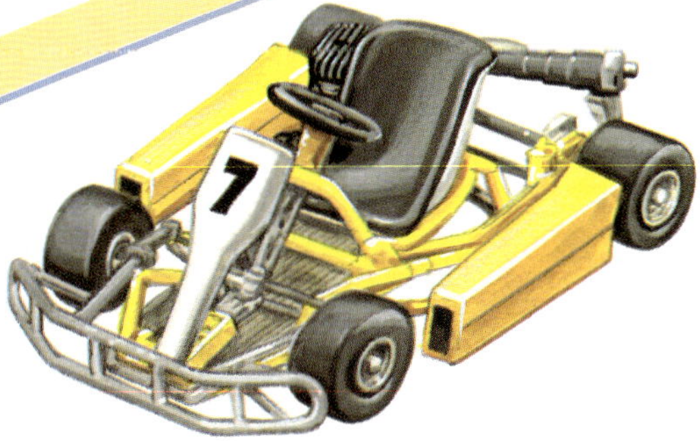

le kart

Qui va gagner la course ?
Moi ! dit le joli petit kart.
J'arrive toujours à l'heure,
en moins d'un quart d'heure !

## COMPTINE

# Un voyage chaque jour de la semaine !

Lundi,
j'ai pris l'hélicoptère
pour aller voir la reine d'Angleterre !

Mardi,
j'ai fait la course à vélo
avec mon cousin Léo !

Mercredi,
j'ai vogué sur un beau navire
pour aller au mariage de ma tante Elvire !

Jeudi,
j'ai traversé les flots dans un sous-marin
pour observer les dauphins !

Vendredi,
j'ai voyagé en U. L. M.
pour aller au baptême du petit Nicodème !

Samedi,
j'ai traversé le ciel à bord d'une navette
pour voir les martiens sur leur planète !

Dimanche,
j'ai dormi du matin au soir
comme un vrai loir !
Et j'ai rêvé que je faisais le tour de la Terre,
à dos de dromadaire !

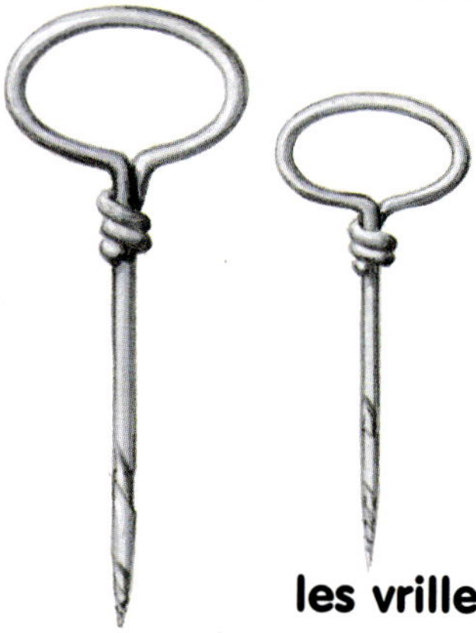

les vrilles

l'établi

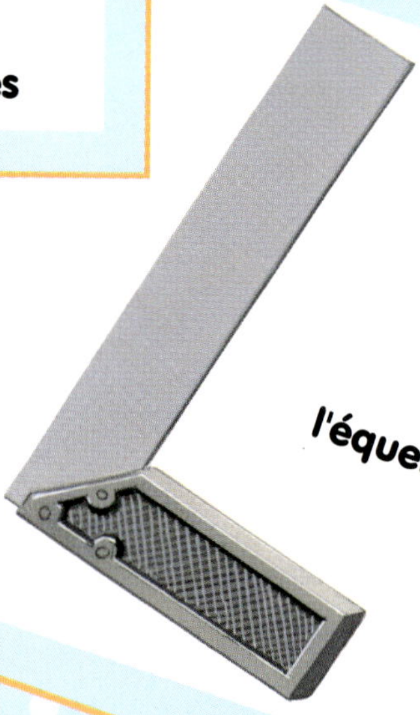

l'équerre

le rabot

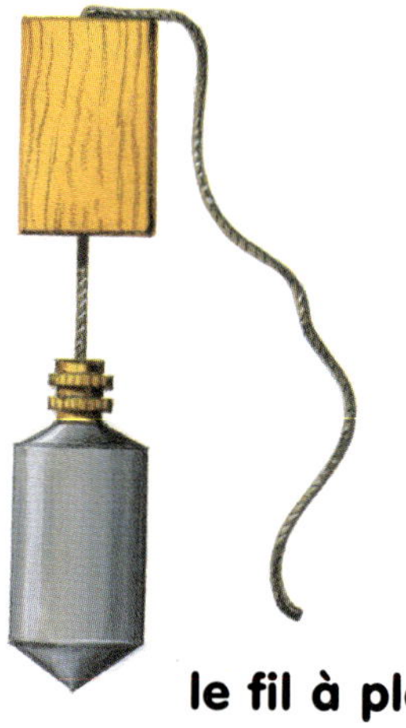

le fil à plomb

**DEVINETTE**
**Je suis de la poudre de bois.**
**Comment m'appelle-t-on ?**
**La poudre de perlimpinpin,**
**la sciure ou la poudre d'escampette ?**

**Réponse : La sciure.**

# Vive le bricolage !

le marteau et le clou

les tenailles

la perceuse

Moi la perceuse,
je m'amuse à faire
des petits trous
partout, partout !

la pince

le tournevis, le boulon
et l'écrou

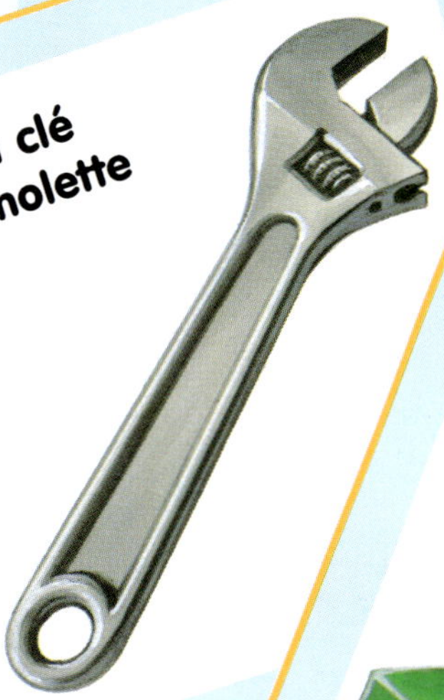

la clé
à molette

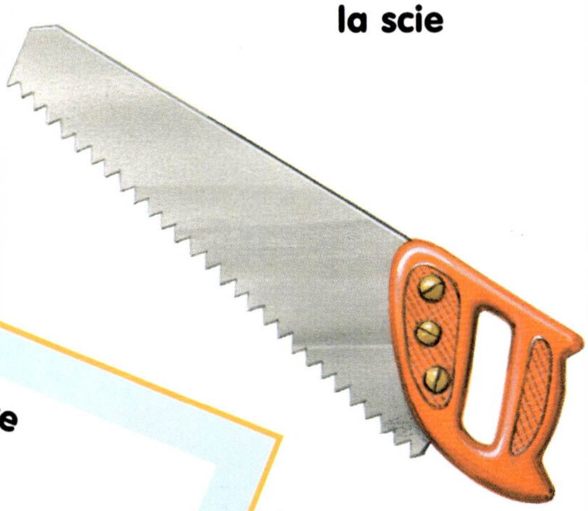

la scie

la ponceuse

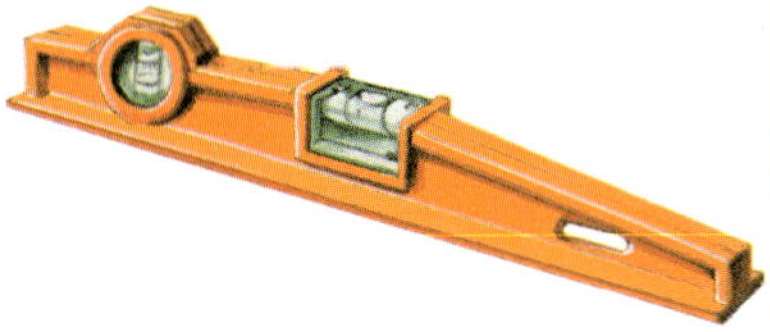

le niveau

l'échelle

la hache

**DEVINETTE**
**Je suis le papa**
**du Petit Poucet.**
**Avec ma hache,**
**je coupe les arbres**
**dans la profonde forêt.**
**Quel est mon métier ?**

**Réponse : Je suis un bûcheron !**

## COMPTINE

# Pinocchio
# le pantin de Gepetto !

**Dans son atelier de menuiserie,**
**sur son grand établi,**
**Gepetto fabrique un joli pantin coquin,**
**sculpté dans du bois de sapin !**
**Mais, chut ! c'est un secret !**
**Pour construire un pantin parfait,**
**il faut quelques coups de marteau !**
**Et hop ! Voici le chapeau de Pinocchio !**
**Il faut aussi dix petits clous !**
**Et hop ! Voici ses genoux !**
**Puis, il faut quelques coups de pince !**
**Et hop ! Voici ses bras qui grincent !**
**Enfin, il faut quelques coups de rabot,**
**une bonne vingtaine de copeaux,**
**et hop ! Voici Pinocchio,**
**le pantin au nez qui s'allonge,**
**à chaque fois qu'il dit un gros mensonge !**
**Mais, chut ! c'est un secret !**
**Dans son atelier de menuiserie,**
**sur son grand établi,**
**Gepetto fabrique le plus joli des pantins,**
**sculpté dans du bois de sapin !**

# Mes petites affaires

la corbeille à papier

le parapluie

le scotch

l'agrafeuse

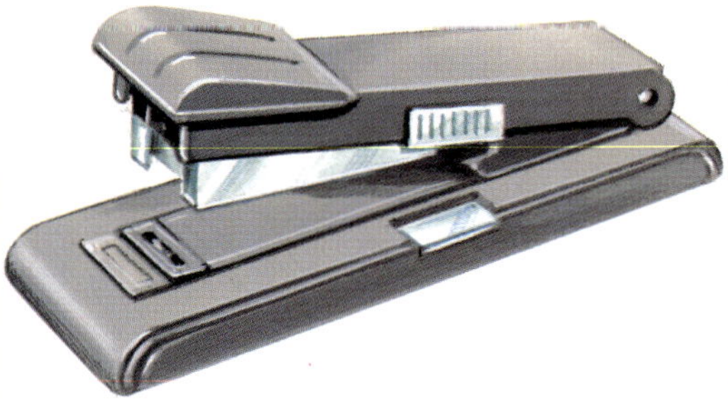

L'agrafeuse aime mordre
les feuilles de papier !
Et le scotch aime rouler
sur les cahiers déchirés !

le sac

le portefeuille, le porte-monnaie

la lettre

les lunettes de soleil

**Tic, tac ! Tic, tac !
Même quand
tout le monde dort,
la petite aiguille
s'agite encore !**

le bougeoir

la montre

la perforatrice

la lampe torche

le CD

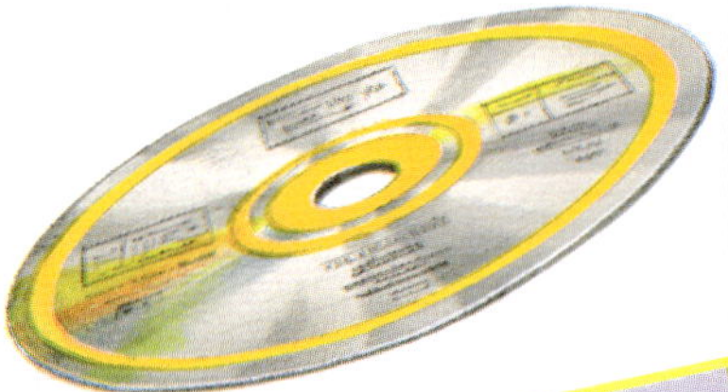

le journal

la calculette

le trousseau
de clés

# Devine, devinettes !

1) Comme la grenouille,
j'aime la pluie qui mouille !
Mon immense chapeau
te protège des gouttes d'eau !
Dès que la pluie est finie,
vite tu me plies !
Qui suis-je ?

2) Nous sommes argentées,
et parfois même dorées !
Nous fermons bien à double tour
les coffres-forts
et les châteaux forts !
Qui sommes-nous ?

3) Nous voyageons dans tous les pays !
La sacoche du facteur en est remplie !
Nous souhaitons les anniversaires
et donnons des nouvelles aux grands-mères !
Qui sommes-nous ?

4) Reine des multiplications
et des soustractions,
je joue avec les chiffres par milliers
sans jamais me tromper !
Qui suis-je ?

5) Page après page,
tu découvres mes belles histoires !
Tu aimes mes bandes dessinées
et mes jeux à colorier !
Qui suis-je ?

Réponses : 1) Le parapluie 2) Les clés 3) Les lettres 4) La calculette
5) Ton journal préféré !

# Table des matières